Tom Schnee

Les naufragés du silence dans le métro. Eine Analyse

GRIN Verlag

Bibliografische Information der Deutschen Nationalbibliothek:

Die Deutsche Bibliothek verzeichnet diese Publikation in der Deutschen National-
bibliografie; detaillierte bibliografische Daten sind im Internet über http://dnb.d-
nb.de/ abrufbar.

Impressum:

Copyright © 2013 GRIN Verlag GmbH
Druck und Bindung: Books on Demand GmbH, Norderstedt Germany
ISBN: 978-3-656-43717-8

Dieses Buch bei GRIN:

http://www.grin.com/de/e-book/213999/les-naufrages-du-silence-dans-le-metro-
eine-analyse

GRIN - Your knowledge has value

Der GRIN Verlag publiziert seit 1998 wissenschaftliche Arbeiten von Studenten, Hochschullehrern und anderen Akademikern als eBook und gedrucktes Buch. Die Verlagswebsite www.grin.com ist die ideale Plattform zur Veröffentlichung von Hausarbeiten, Abschlussarbeiten, wissenschaftlichen Aufsätzen, Dissertationen und Fachbüchern.

Besuchen Sie uns im Internet:

http://www.grin.com/

http://www.facebook.com/grincom

http://www.twitter.com/grin_com

Les naufragés du silence dans le métro :

1) Présentez la situation donnée et les personnes :

Le texte présent « Les naufragés du silence dans le métro » est un monologue intérieur d'un voyageur de métro qui présente au lecteur les problèmes sociaux de la vie quotidienne à Paris : Eric et une jeune fille sont des exemples pour des gens qui vivent dans la misère et dans l'anonymat. Ainsi, ils demandent aux voyageurs de leur donner un peu d'argent en décrivant leurs problèmes. C'est-à-dire, ils ont perdu leur travail, souffrent d'une maladie ou n'ont personne qui les aide. Mais en vain, personne les regarde et quelques-uns même se moquent des SDF. En plus, le lecteur apprend que la plupart des voyageurs (touristes, parisiens, jeunes) ne font qu'ignorer ces personnes pitoyables en se taisant parce qu'ils sont trop lâches. À la fin, l'auteur exprime la nécessité de l'aide. C'est pourquoi elle s'engage dans l'association « Aux Captifs » qui a pour mission de rencontrer et d'accompagner les personnes de la rue.

2) Etudiez le comportement de ces personnes et l'atmosphère qui en résulte :

Dans le texte « Les naufragés du silence », Cécile Gulochon nous présente une situation quotidienne dans le métro à Paris : Un SDF demande une aumône en exposant les problèmes de son existence pitoyable mais personne ne s'y intéresse pas. Dans ce qui suit je vais analyser l'atmosphère qui y règne en étudiant le comportement de ces personnes :

Lors de l'entrée d'Eric, un jeune homme « [d]égingandé, sale, l'air perdu » (l. 4), tout le monde dans le métro commence à faire des choses peu importants : « Chacun pique du nez dans son journal, regarde le bout de ses chaussures [...] » (l. 6/7). Donc, ils ignorent totalement la présence d'une personne nécessiteux. Ainsi, le solliciteur ne trouve aucune audience : « Eric non plus ne croisera pas de regard » (l. 18). Il en résulte une atmosphère déplaisante pour toutes les personnes présentes parce qu'ils sont trop lâches. Cela est encore mis en avant quand les touristes, qui ne connaissent pas une telle situation, essayent de comprendre ce qui se passe. Comme personnes extérieurs, ils s´étonnent d´un tel comportement inhumain. Donc, on peut bien constater que les gens montrent des réactions différents : Tandis que les uns essayent de l´ignorer complètement, il y a aussi d´autres qui se sentent mal à l´aise et qui éprouvent même de la peur (« Un malaise s´abat sur le wagon » (l. 11/12), « Personne ne bouge. On a peur » (l. 27)). Mais, même si chacun sait qu´il devrait aider, personne le fait : « Peur de franchir ce mur invisible qui sépare les gens « bien » des paumés » (l. 28).

En conséquence, les pétitionnaires y réagissent d´une façon désillusionné, déprimé et triste : « […] sans même tendre la main, certain que personne ne va rien lui donner » (l. 20). À cela s´ajoute un certain désespoir qui se montre par « des larmes » (l. 27). Alors, le silence et l´absence de regard (cf. l. 6, 12, 27, …) provoquent une atmosphère froide et incommode étant le résultat de l´hiatus entre les voyageurs et les gens de la rue. L´auteur décrit donc le sentiment de ne plus compter comme individu, le sentiment de finir dans le ruisseau d´une ville modene.

3) Dégagez le message de l´auteur et les moyens dont elle se sert pour le mettre en relief :

Dans son texte « Les naufragés du silence dans le métro », l´auteur Cécile Gulochon attire l´attention du lecteur sur les problèmes sociaux des « personnes de la rue » souffrant la misère, l´anonymat et l´isolement. Elle nous veut donc encourager à en penser et à améliorer la situation pour que « le mur imaginaire » entre les gens aisés et paumés disparaisse. Dans ce qui suit je vais analyser les moyens dont l´auteur se sert pour mettre son message en relief :

Le texte présent se compose de quatre parties dont chacun a une certaine fonction pour transmettre le message ci-dessus. Le texte commence donc par des questions qui attirent l´attention sur ce sujet précaire : « Comment vivre la confrontation avec la misère et la mendicité dans la ville ? Comment sortir de l´isolement dans lequel chacun est enfermé ? (l. 1/2). Ainsi Gulochon introduit au lecteur en le faisant penser sur des réponses possibles.

Dans la deuxième partie, l'auteur nous parle - dans la forme d'un monologue intérieur - des situations quotidiennes en présentant deux exemples des gens vivant la misère : « [...] je m'appelle Eric, j'ai 27 ans, j'ai le sida, ou je sors de prison, ou j'ai perdu mon travail, je suis à la rue » (l. 9/10). Ainsi, le lecteur peut mieux s'imaginer une telle situation. À cela s'ajoute qu'en lisant ces lignes de l'homme « dégingandé, sale, l'air perdu » (l. 4) on éprouve de la pitié ce qui mène à l'ouverture du lecteur pour les idées de l'auteur. Pour souligner ces dernières, Cécile Gulochon se sert des images frappantes : « Se boucher les oreilles » (l. 39) ou « le mur imaginaire » (l. 46/47). Ces métaphores explicitent la cruauté dont les pauvres sont exposés. Également dans le titre, l'auteur emploie une métaphore : « Les naufragés du silence dans le métro » (cf. titre) ce qui souligne encore la situation des gens paumés. Cette idée est reprise à la ligne 36 où l'auteur demande pourquoi l'on « lance des hélicoptères, on mobilise des équipes, des satellites » pour aider un seul naufragé au milieu de la mer ou au désert (cf. 36) au lieu d'aider « des centaines d'hommes et de femmes [...] » (l. 38/39).

Il faut encore ajouter que dans la troisième partie, Gulochon choisit le moyen de l'exagération en disant : « Il va craquer, il va se tirer une balle dans la tête sous nos yeux, ou il va se jeter à la gorge d'un de ces témoins silencieux » (l. 30/31). Ainsi, le lecteur apprend les conséquences possibles du désespoir des SDF. En outre, l'auteur invoque que ce silence « est d'une violence inouïe » (l. 33). En faisant ca, elle reproche aux « témoins » d'être responsable pour le sort ainsi que pour la situation des personnes perdues. Ce symbole du silence se trouve également dans d'autres parties du texte (« Silence de plomb » (l. 12) ou « Dans le wagon toujours le même silence » (l. 27)) et doivent décrire le comportement irresponsable face à la situation des gens isolés.

À l'aide d'une antithèse, l'auteur accentue la différence et le contraste entre les différents groups sociaux : « [...] ce mur invisible qui sépare les gens « bien » des paumés » (l. 28).

À la fin du texte, Cécile Gulochon nous présente une possibilité pour lutter contre cet anonymat : « Aux « Captifs » quand nous « tournons » dans la rue, nous ne faisons rien d´autre que de risquer ce regard, ce bonjour, ce sourire […] » (l. 44/45).

En conclusion on peut bien dire que l´auteur Cécile Gulochon montre très bien la misère des pauvres dans une grande ville autant que notre responsabilité. Elle se sert donc d´une stratégie habile pour attirer l´intérêt du lecteur aux problèmes sociaux de notre société et pour parvenir à qu´on en réfléchit.

4) Après avoir lu cet article, vous vous adressez à l´auteur. Ecrivez une lettre dans laquelle vous faites ressortir votre opinion personnelle à propos de la situation décrite, du comportement du jeune homme et des autres voyageurs :

Chère Madame Gulochon,

je viens juste de lire avec grand intérêt votre article sur la misère et la mendicité dans les grandes villes. Même si j´approuve la plupart des vos arguments et idées, il y a quand même quelques aspects qu´il faut encore différencier.

D´un côté vous avez raison en disant que l´anonymat et l´isolement sont des problèmes très graves de notre société. À cet égard vous avez parfaitement exposé la situation des SDF qui, dans mon opinion, est considérée insuffisamment dans les débats quotidiens. Je partage votre opinion que cette ignorance est une certaine sorte de violence. Je suis d´avis que surtout dans les agglomérations l´injustice économique a mené aux conditions de vie inhumains et indignes sous lesquelles personne ne devrait être obligé de vivre. C´est pourquoi j´aime l´idée de s´engager dans une association volontaire. Donc, je suis convaincu que personne a mérité une vie dans la misère.

Mais d´un autre côté il faut considérer qu´il y existent aussi des mendiants notoires qui se servent des moyens douteux pour profiter de la pitié des autres gens. En plus, parfois ils dérangent les voyageurs qui - et cela ne doit être oublié - ont tous leurs propre problèmes. Bien que votre article soit une bonne introduction, il me semble qu´en écrivant un tel texte un peut guère changer la situation. Il faut faire un peu plus que cela, par exemple commencer dans les écoles et y éveiller la conscience collective.

Dans l´attente d´une réponse, je vous prie d´agréer, Madame, mes meilleurs sentiments.